오랜 마음속 삐걱거림과 부대낌들을 하역(荷役)한다.

갠지스강 모래톱에서

국립중앙도서관 출판시도서목록(CIP)

갠지스강 모래톱에서 : 김정아 시집 / 지은이: 김정아. --
대전 : 오늘의 문학사, 2015
p. ; cm. -- (문학사랑시인선 ; 43)

대전문화재단과 한국문화예술위원회에서 사업비 일부를 지원
받았음
ISBN 978-89-5669-712-3 03810 : ₩10000

한국 현대시[韓國現代詩]

811.7-KDC6
895.715-DDC23 CIP2015028932

문학사랑시인선 43

갯지렁이 모래톱에서

김정아 시집

오늘의문학사

| 自序 |

적재적소에 언어를 곧잘 부리는 글쟁이가 되고 싶었다.

그러나 곁도 주지 않는 말들 앞에서, 나는 번번이 성마르고 근천스러웠음을 고백한다.

오랜 마음속 삐걱거림과 부대낌들을 하역荷役한다.

많이 부끄럽다.

2015년 가을

김 정 아

차례__

제1부

제2부

제3부

제4부

제1부

소망

내 언어의 나무가
신록처럼 늘 푸르를 수 있다면

나만의 어휘가 미추룸한 문맥 속에서
박동칠 수 있다면

어두운 밤 나의 시가
영롱한 별빛으로 반짝인다면

날마다 갈고 다듬어
옥석 같은 말의 주인으로 살고 싶어라

낙동강 일기 · 1

물떼새들이 날아 오른다
나는 손톱을 물어뜯는다
갈대밭 저 편 너른 바다로
내 어머니 삶이 흔들리며 다가온다

만조까지 차오른 가난 속에서
물떼새는 새끼들에게
먹이를 물어다 주느라
늘 소란스러웠지

자갈치시장 아지매
몸빼 차림 내 어머니는
늘상 비린내를 풍겼고
그 내음이 싫어
명지鳴池를 찾아나서곤 했다
나는 어디론가 멀리
떠나버리고 싶었다

피멍든 일몰

시린 강바람 속에서
조용히 손짓하는 지난 날들
그 세월들이 나를 키웠고
또한 여기까지 데려왔다
사위는 고요하다

낙동강 일기 · 2

썰물을 따라
마음마저 빠져나간
갯벌 너머로
빈 항아리처럼 도사리고 있는
적막을 본다
거품 물고
산지사방으로 흩어지는
게떼들의 질서 속에
이합離合하고 집산集散하는 삶이 있다
혓바닥 있는 대로
늘어뜨린 태양 아래
세상은 온통
하단下端 갯벌의 게구멍뿐이로구나
하늘에는 무슨 아라비아문자들을 이끌고
새들이 비상하고 있다

들여다 볼수록
더욱 깊어지는 명지鳴池
강과 바다의 경계는 어디인가

어느 갈피에서 바다는
강물을 껴안아 들이는가
눈을 들어 바라보면
삼각파도에 떠밀린
수평선이 한껏
어깨 죽지를 늘어뜨리고 있다

낙동강 일기 · 3

그와 헤어진 자리에서
바람이 불어 온다
가문날의 외꽃
내 사랑이 말했지
너는 내 숨기고 싶은 가시였어,
본디오 빌라도처럼
강물에 손을 씻고 그는 돌아섰다

갈대들이 서걱거린다
물결소리가 귀를 적신다
이제 나는
차마 들키고 싶지 않은
한 물살을 하역한다

그래, 가거라
구포다리를 휘돌아
약속 없이도 만날 수 있는 곳으로
흘러흘러 거기
남해 푸른 바다

한 장의 파도로
오롯이 다시 살아나거라

낙동강 일기 · 4
— 가야의 봄

사행하는 철길 따라
경부선 열차 지나간다
아득한 지평 너머
원동리 마을 집들이 쓰러지고
매실농원 근처에 잠시 머물던
3월 초입 맵찬 바람
옛가야 들녘을 횡단한다
비탈진 둔덕
매화나무 둥치 아래
가야 토기 캄캄했던 절망
젖빛 솜털 보송보송한 쑥으로 자란다
품에 안고 있던 스스로의 바다
다 울어내기도 전,
사라진 왕조를 위하여
낙동은 제 이름 버리려고
다음다음 흘러간다
강물 위의 햇살
갓 잡은 물고기 비늘처럼 눈부시다

꽃샘바람 불어와
흩어진 매화 꽃잎 낭자하다

당신께

고척동 133번 버스종점 근처 조악한 시멘트 블록집 고만고만하던 달동네, 외등조차 가파른 골목길 밀고 들어서던 당신 발자국소리 들리네요 조건반사에 길들여진 강아지마냥 뜨개질하던 손이 석유풍로 심지 지피고, 설여문 꿈 한소끔 끓여 내일을 차려내던 그때는 1970년 후반 즈음이었지요

등락을 매길 수 없어 아직은 철 이른 부동산의 계절, 등나무 그늘 시원한 화곡본동 247번지였던가요 순전히 은행 대출 덕에 당신 문패 걸리던 날 보랏빛 등꽃은 얼마나 눈부셨던지요 시나브로 권태기의 빈 속 무를 먹어 훑어내리듯 자괴감에 빠지고, 당신이 잡아온 블루길 옹근 아래턱이 되어 서로 네 탓, 마음의 오지奧地까지 다치던 그때가 1980년 중반을 벗어날 무렵이었던가요

한 눈금씩 비워냄이 삶의 독법讀法임을 이제야 어렴풋이 알게 되다니요 서로 마음 한켠 그늘자리 잠시 빌려 머물다 갈 생에서 욕실 타일 바닥에 떨어진 서로의 머리카락 안쓰러워질 만큼 사람이 철드는 일과 시간은 어떤 함수관계일런지요 더불어 조바심 없이 닳아질 세월이라면 늘어가는 주름살쯤이야 그리 대수롭지 않을 테지요

207 강의실에서

풍선처럼 부푸는 희망의 씨
간조롬히 심던 날들이 있었다
오월의 꽃그늘 아래
가끔 우리의 수다는
깃털을 달기도 했지만
아무도 쉽사리 내일을 말하지 않았다

우루루 몰려가던 팔복분식집에서
우리는 세상의 칼 끝에 베인
꿈의 피막에 머큐로크롬을 바르고
호명呼名할 수 없는 앞날을 빗질했다

어느새 겨드랑이를 빠져나간 시간은
돛도 없이 흔들리는
우리의 좌표座標에 대해
전혀 낯선 얼굴을 하고 있었다
이 가을,
강교수는 더욱 두터워진 눈썹으로
습작시들을 빈사瀕死의 길목으로 내몰고,

그의 깊은 바리톤 음색에
캠퍼스 마지막 가을이 저물고 있다

우리들은 긴 여행을 위해
잠시 정박碇泊했던 것일까
창밖 하늘이 아리게 다가온다
문득 손바닥을 펼치자
손금 타고 흘러내리는 시장기를 본다
강의실 유리창에 기댄 이마 위로
여태 날개를 얻지 못한
말言의 애벌레들이 고물거리건만
젖비린내 물씬한 부리로
우리는 이미
앨범 속에 박제되고 있었다

11월의 왕벚나무 잎새를 떨구고 있었다

폐차와 돌문지기꽃

옥천군 군북면 지나가는
후미진 길 한켠에서
평생을 끌고 다닌 길 내려놓고
늙은 고양이처럼
시나브로 사위어가는 폐차와 마주쳤다
한낮 졸음에 겨운 전조등
애써 허공의 깊이를 가늠하고
내로라 매연 토해내던
머플러 가득 하품을 물고 있었다

잘 나가던 한 시절
햇살 눈부시게 되쏘며
요란스레 경적 울리며
까짓 속도제한쯤이야 콧방귀 날리며
카타르시스와 오르가즘 시대를 달려온
편력의 끝은 서글픈 녹빛이었다
도시의 들끓는 소음과 명멸하는 불빛들
제 성깔 잃어버린 속도계 향해
제 살을 파먹고

제 뼈 갉아 먹으며
지그시 밟고 있던 가속 페달에서
발을 뗀 지 이미 오래였다

이제는 추억마저 녹슬고 삭아
외롭고 긴 침묵의 안테나에
까치발 딛고 선 돌문지기꽃 넝쿨
연보랏빛 꿈 길어 올려
거미줄 차창 기웃거리자
등뼈 휘도록 꼭 한 번만
폐차는 기지개를 켜고 싶은 것이다

세탁기를 돌리며

수도전을 비틀자
가렵고 눅눅해진 속내들
차례차례 젖어들고
고농축 과립의 세제
삶의 얼룩진 흔적쯤이야
단숨에 지우겠다는 듯
몽글몽글 비눗방울 게워낸다

삶이란,
꼬리 물며 돌고 도는 회전통
일상의 살비듬
덕지덕지한 응어리
물살 속에서 서로 비비며
한 덩어리임을 확인하는 일
뒤집고 때리다가 맞물려 돌아가는
마음 저 밑바닥 헹구고 헹궈
보이지 않게 늪을 이룬
기억들마저 탈수시켜 흘려 보낼 일

여태껏 정전기 일으키는
마음속 마음을 위해
마지막 헹굼물엔
미모사향 유연제도 필요하지
베란다 빽빽한 햇살 아래
뽀송뽀송 말리기로 한다

채혈

육군 전사자 유해 발굴단으로부터
한 통의 등기우편 받은
이틀 뒤,
서구 보건소 한 모서리에서
왼팔 소매 걷어 올리다

언제 채굴될 지 모르는,
깊은 동면에 든 아비 유골
DNA 인자와 조우하려는,
주사기에 고인 핏물
처연한 눈길로 바라보다

세상에 오롯한
당신의 흔적으로
살아가며 내내
옹이 맺힌 그리움에
오래 끌탕했거늘

이제

간신히 접어
갈무리하려던 참에
기약 없는,
하지만 가슴 설레는 기다림
다시 시작되다

다질링을 마시며

우선 마음을 데워야 해
곧 블루밍 티팟의 순례가 시작되리니

드높던 파도 앞
파닥이던 어제 일은
잠시 잊기로 해
걸름망을 통과 못한
그대 가슴 찌꺼기
서서히 가라앉게 되리니

이제
마음을 열어도 좋을 시간이야
찻잔에 감도는
다질링* 향내로
가지런히 열리는 내일

하여,
골든 드랍은
그대 몫으로 남겨 두도록 하지

우리 서로
블루밍 티팟
만삭의 따사함을
손바닥 모아 읽으며
다독여진 응어리
그 진한 쓸쓸함마저
사랑하기로 해

* 다질링 : 중국 국경지대에 인접한 다질링 지역에서 재배되는 홍차.

겹벚꽃 진 자리

선심동 개심사에 다녀왔습니다
32번 국도를 따라가다
운산에서 좌회전했지요
강낭콩 물빛 신창저수지
아프도록 눈에 담으면서

상왕산 중턱
사람들 발길 달가워하지 않는 듯
여늬 절과 사뭇 다르더군요
가파른 돌계단 오르며
연못 가녘에 서 있는
그대를 잠시 본 듯했습니다
삶의 행간 속에 감추고 떠난
당신 마음도 그러했을 테지요

꽃이 진 자리
떨어져서도 그토록 화사할 수 있다면
내 떠날 일도
그리 애운하진 않을 듯하여

돌아오는 마음
무장무장 열리고 있었답니다

사담길

마음자리 흐린 날 대청호반 둘레길에
비 머금은 허공 한 끝 끌고 가는 두루미떼
더하고 곱하던 것들 내려놓는 언저리

미루나무 신작로 끝 거신교巨新橋로 향하기 전
아쉬움에 돌아보는 서당평과 산수골
아득히 멀리 국사봉 아랫골 회남마을

물도리동 돌고 도는 생각의 잔가지들
멀찌감치 물러가다 되돌아 선 마음자락
한나절 울창한 기억 진양조로 흐른다

* 사담길 : 충남과 충북의 경계 지점 거교리 대청댐 자락의 산책로

분꽃

아무도 모른다
한나절 내내 조가비처럼
입술 오므린 까닭을

초경으로 가슴 쿵쾅거리는
풋풋한 사랑 한 모금
눈물 한 모금
하 그리운 그대 있어
까맣게 여무는 눈동자

저물녘이면
살포시 벙그러지는
네 깊숙한 속마음을

휘청거리는 오후

영락없는 청맹과니였다니까요
인터넷에 회자된 '된장녀'
친구들과 씹다가 돌아온 다음 날
피곤하다며 널부러져서
하릴없이 TV 리모콘
에멜무지로 허공을 찔렀지요

카랑카랑 스타카토 쇼핑호스트 목소리
흡입력 90% 너끈하더군요
대뇌 신피질에 이상이 생겼던지
입술 반쯤 헤벌리고 지켜봤으니까요
'무이자 할부 12개월, 이 가격은 역대 최저가입니다'
'카멜빛 칼라 곧 매진됩니다'
빠른 템포 음악과 더불어
가슴 밑바닥으로부터
박동수도 수직 상승하고 있었지요

'화면 오른쪽에 상품평 나가고 있습니다'
어머머 대박 찬스

다이얼을 누르겠다는 나와
좀 참아보라는 내가
하마 실랑이 중이었는데요
타임체크기가 다투듯 바뀌는 초침으로
단단히 거들더군요
'현재 주문전화 폭주 중입니다'
'만 원 할인되는 ARS로 들어오시기 바랍니다'
블랙홀에 빨려들 듯 전화기를 들었지요

이틀 후 배달된 똥색 핸드백
달포가 지나도록 아직
한 번도 외출한 적이 없답니다

귀향

뒷산 솔수펑
우묵바위에 기대어 선다
펀펀한 둔덕 아래
아무렇게나 퍼질러 앉은 황소
한 눈에 펼쳐지는
수리못 물끝 자리

내 뼈와 살을
세상 밖으로 밀어 낸
지법 무논 들녘으로
스산한 저녁 바람
깊은 골을 치고 가는데

헌걸찬 당산나무 아래
아이들 노는 소리
드문드문 저녁 연기
토해내는 아래 웃담

알싸하니 콧등 매운

눈물 찍어내는
씨알 여문 그리움
실꾸리처럼 풀려선
끝간 데 없이 이어지네

설핀 석양이
알금알금 어스럼으로
키를 낮춰가고

거울

유년시절,
엄마 치마꼬리 따라
두레우물가에 서서
아득한 깊이로
내려가 앉은 거울을 보았다
회똑거리는 거울 속엔
동그마한 하늘과 작은 구름
상고머리 울내미 가시내도 있었지

거울을 보노라면
그 속엔 우물이 있다
가누지 못하는 제 무게로
자꾸만 내려앉는 깊이
두레질로 일렁이는 애잔한 눈빛
스러져가는 오련한 자화상도
거기 있었지

제2부

회상

그해 봄
달포를 넘기도록 억척 떨던 바람은
언덕배기 피어난
민들레꽃 홀씨 날려주고
어디로 떠났나

그해 여름
질펀하게 가슴으로 내리던 빗물
가풀막진 땅
실한 나무 뿌리 어디쯤
수액으로 사분거릴까

그해 가을
설잡힌 몸살은
엷은 신열을 동반하고
잠시 머무르다 떠났다
아릿하고 수줍은
기억 저편으로

유성시장에서

추석 앞둔 유성 장날 붐비는 인파 속이었지요 꺼먹 재생고무 루핑을 몸에 감은 애벌레 행상과 마주쳤습니다 휙 지나쳐 도라지나물 사면서 하필이면 갓 배우기 시작한 오카리나 연습이 떠올랐던지요 내 손가락 전혀 내 것이 아니라는 사소한 비애와 만나며, 대수롭지 않아 보이는 몇 날 구멍 막는 일 쉽지 않음을 절감하던 터였습니다

온몸으로 살아내고 말겠다는 그 사내 삶의 방식 예사롭지 않아 보였습니다 눈이 악보를 좇지 못해 허공을 헤매고 손가락 노상 허방 짚기 일쑤인 내 시간 죽이기에 비한다면요 하기야 내가 만만하게 여기도록 발 아래 하찮은 돌맹이로 깔리는 일 있을 법이나 하겠는지요 살아가며 수시로 생겨나는 삶의 구멍 때 맞춰 척척 메우며 살아지던지요 다시 일별一瞥하는데 사내는 하마 저만치 어물전을 벗어나고 있었습니다 슬며시 뒤따라가 천 원 지폐 한 장 접어 넣고는 난전에 널부러진 밑동 실한 무 쪽으로 눈길을 돌렸습니다

배꽃 질 무렵

탱자나무 가시에 찔린
가녀린 꽃잎과 마주쳤다
헌혈하듯 팔을 내맡긴 채
수통골 배나무
배꽃 지네

세상에 생겨난 길과 포개지는 법
채 익히기도 전에
난분분, 난분분
저렇게
잠시 흔들리다 지고 마는 것인지

하얀 세모시 나래 속에서
봄날의 모서리 소리 없이 닳아지고
남은 생애마저
하르르, 하르르 저물어
풍장으로 뼈만 남아 저처럼 정갈하니
가벼워질 수 있다면
배밭은 정적으로 붐볐다
가시 품은 탱자울이 환했다

도다리회를 먹으며

통영 중앙시장 한 모퉁이에서
두 눈 오른쪽으로 몰린
도다리회 마주하고
소주잔 기울이던
지난 봄날이었던가
"이 녀석 눈 좀 봐."
손가락질하던 우리는
한 점 치우침 없이
세상 보는 눈 가졌는가

서로 가르지 않고는 배기지 못해
자유로이 뻗어나간 산하를
좌편향, 우편향 남과 북으로
두 동강내고도 모자라
저울에 버젓이 올려
요리조리 따져가며
지연, 학연으로 어깨 겯고
두터운 벽까지 쌓고 있지 않는가

한량없이 찔러대는 말言의 작살에
줄곧 아가미 들썩이며
허공을 버둥거리던 눈동자
도다리 살점 안주로
'우리가 남이냐'며 잔 들던 그날
정작 모두가 외면했던 것은
캄캄한 절망의 개찰구를 스쳐간
녀석의 처연한 눈빛이 아니었던가

갠지스강 모래톱에서

그저 담담했다
왁자한 바라나시 저자거리를 지나
신새벽,
갠지스강 나루터에 이르러서도
강물 위에 흘러가는
꽃등을 바라보면서도

멀리 바라나시 성곽 사이로
주검을 태우는 연기
무장무장 피어올라
하늘과 맞닿으려하고
간간이 생각난 듯
불티들이 강바람에 흩날리고 있었다

군데군데 쟁여진 장작더미 사이로
차례를 기다리는
시신들의 행렬이 이어지고
강어귀 맨발의 한 사내
다 태워진 재를 강물 위에 흩뿌리는 가운데

아이들이 띄우는 형형색색 연鳶들이
축제처럼 하늘거렸다

저기저만치
빨래꾼들은 저마다의 돌덩이에
생의 업을 내리치느라 여념이 없고
조금 비켜 강둑에서는
선계仙界로부터 마악 내려앉은 듯
긴 옷자락의 여인 요가 삼매경에 들었고
구릿빛 상체를 드러낸 한 필부匹夫
첨벙 강물에 뛰어들어
손바가지로 목을 축이더니
파문, 파문을 일으키며
유유히 멱을 감고 있었다

갠지스강 모래톱 위에 서서
나는 비로소 알았다
온 세상이 한우리 속이라는 것

산다는 건
견뎌내며 흐르는 일이라는 것
그리고 때가 되면
담담히 접어야한다는 것을

다시 배를 타고 뒤돌아보았을 때
살면서 갈피갈피 품 안에 여며둔 것들
죄다 내려놓고 가라며
드넓은 모랫벌 들풀의 아라한阿羅漢들이
훠이훠이 맨발로 흔들리고 있었다

수월정水月亭

외척이 활개 치는 바람 앞에 등불 세상
홑처마 팔작지붕 밑 시름겨운 노수신
산그늘 군자산 자락 적소謫所의 밤 검푸르다

삼신바위 끼고 도니 절벽이 지척이라
정신 곧추 세우려니 제 그림자 하냥 깊어
그리워 사무친 마음 그대에게 가는 길

열화재 나방

유월 그믐밤
저기 오롯한 불빛 따라가면
닿을 수 있으리라
서로 다독였으나
발목 아래 피어나는 농밀한 어둠 속
열화재 이르는 길 녹록치 않아
발걸음 자주 허둥거리곤 했다

불빛 환한 대청마루
서슬 푸르렀을 문설주 아래
막걸리판 불콰한데
모기장 너머
풍진 세상 하루살이떼
그들의 배후는
다만 칠흑 어둠이었다

이분법이라면
넌더리난 지 오래였거늘
여태 왼쪽이라느니 오른쪽이라거니

저울 눈금 버젓이
아래 위 빈부의 가랑이 한껏 벌려
위화감 드높이 담벽을 키우거나
붉은 띠로 스크럼을 짜거나

어라, 저기 모기장 한 귀퉁이
내일이면 가뭇없이 사라질
은박빛 작은 날개짓
파르르 파르라니
거기 있음을 알겠다

모기망 온통 흔들어서라도
처절하게 매달리겠다는
기를 쓰고 허물고야 말겠다는
그리하여 경계도 지워진 길도
제 홀로 견디며 나아가며 푸는 법임을
온몸으로 증명하고 싶었던 것이다

* 열화재 : 퇴계 이황선생의 13대 손인 허정공이 옛종택의
규모에 따라 1900년 초에 건축함.

초지리에서

썰물 빠져나간 갯벌
갈숲 헤젓는 바람결 따라
마음 출렁이는 농게떼를 본다

왕집게발 포크레인 삼아
숫농게들 쉴 새 없이
연안 갯벌 허물었다 다시 쌓는다
몇 굽이 불연속선 실구멍 꿰어
삶의 둥지야 깊으면 깊을수록
황금 분할의 맨션일 터
멋진 별장식 지붕까지 얹고
팀파니 연주하듯 집게발 치켜들어
멀리 나간 수평선 당겼다가 밀어낸다

폐활량 가득 들숨과 날숨 엮어
가슴 마르는 시간
해안선 끝에 걸릴 무렵에나
일가一家를 이루려는지
서녘 해 내려앉는 강화도 갯벌

간단없이 이어지는
삶의 행렬 오래도록 지켜보았다

빗소리

팔월의 끝
장대비 쏟아지는 오후

여며지지 않는 생각의 나래들
하얀 새떼 되어,
황톳물 도도히 흐르는
유등천 뚝방

흐린 의식의 단층을 파고드는
방울방울
빗방울
은밀한 빗소리

튤립 축제

두근대는 연둣빛
웃자란 줄기 위
벙그는 꽃봉오리마다
마구마구 플러그 꽂는
봄햇살 눈부시다
오래 묵은 어둠의 갈피들
여린 볕 붉히고 있다

하마나 가슴 태운 기다림
저마다 함초롬히 피어나는 걸 보면
그렇다
너와 나의 아픔과 서러움이 웅크렸던
저 뿌리 깊은 곳에서
어느새 저릿저릿
겨드랑이 언저리까지 젖이 차올라
폭죽처럼 화들짝
우리 앞에 다가오려 했던 것이다

티눈

발목을 바짝 재긴다 서로 껴안은 채 이마 서늘히 굳어버린 시간의 단층을 파고 자르고 도려낸다 더도 덜도 아닌 그 자리 지하 캄캄한 막장에 묻혀 있던 가시무늬 물고기 화석과 마주쳤다 오랜 모색 끝에 뼈와 살을 헤집고 나와 뚫어지게 한 곳만을 응시하는 눈동자 단절된 시간에 짓눌린 어느 연대기의 행방을 수소문한다

거듭된 융기와 침강으로 스스로 뼈를 세우며 깊어지는 지층의 계단과 기슭을 따라가면 가슴 언저리께 뭉클, 만져지는 아비는 부역자였다 거침없이 미쳐버린 역사의 뒤안길을 서성이다 떠난 그에겐 한 점 혈육마저 쓸쓸한 암호에 불과했을까 송곳니 드러내는 상대를 향해 온몸의 비늘과 가시를 곤두세우던 막다른 길, 발바닥 한 끝에 달라붙는 절망감에 휘둘리지 않으려면 딱딱하게 굳은 유적의 갈피들을 뜯고 또 뜯어내야 한다

가을볕 다가오는 늦은 아침 금빛 눈부신 햇살과 그 배후 그림자가 거느리는 길고 희미한 시간의 소실점, 미처 자라기도 전에 봉인되고 만 한 마리 물고기 화석과 마주치고 말다니 시간이 굴절시킨 격절의 거리는 너무 멀다 정합과 부정합 층위의 틈서리 습곡지대 밑변에서 핏무리 고인 꼬리지느러미 파닥인다 이제 일별도 없이 돌아서야 할 시간이다

영월 기행

그대
청령포로 향하는 이여
물살 급한 서강에서는
나룻배로는 어림없다네
줄배를 타야 한다네

아금받게 잡았던
로프를 버리자마자
서늘히 붐비는 정적에
그대 발길
허방을 짚을지 모를 일이네

웃자란 풀섶을 헤치고 나아가면
금표비禁標碑 불쑥 튀어나와
그대 앞을 가로막을 것이네
올곧은 자가 이기는 게 아니라
이긴 자가 강하고 정당하다며

왼편으로 발길 돌려

돌탑 끼고 노산대로 올라보게나
사방은 오로지 굽이굽이 산마루
천리만리 밖 정순왕후 그리며
가슴 에이는 망부가조望婦歌調

무심한 듯 우뚝 선 관음송에 기대면
건듯건듯 불어오는 바람 편에
청령포를 배회하는 어린 왕의 넋
에돌아 흘러가는 서강 시린 물길에
그대 가슴 온통 먹먹해질 일이거니

바람에도
바람의 질서가 있노라는
바람의 묵시록
그대 온몸으로
무장무장 다가올 것이네

계룡, 비에 젖다

산을 오르자
독한 술기운처럼 오래도록
물안개가 번지고 있었다
머리채 휘둘러 푼 물살
마음 퍼질러 골짜기 가득
울음을 쏟아냈지
나는 내처 오르려는데
계곡물은 어찌 내리닫기만 하려는가

가야겠다
산허리로 어깨 디밀어
산비 내리치는
계룡에게 내 오늘 하루를
기대려 한다
펄럭대는 판쵸 자락 사이로
기갈들린 몸짓,
비바람 무시로 드나들자
염치 없이 드러나는
따개비 기억

남매탑으로 이르는 돌무지 길은
계곡물이 자꾸 넘어 와
내 어룽진 마음을 속절없이 휩쓸고 갔다

간간이 쿨럭이는 생각들이
잊지 않았다는 듯
쥐똥나무 가지를 꼬드기고
장군봉을 등진 채, 숲과 나는
웅웅거리는 벌집처럼
서로의 채널부호를 주고 받았다

유년의 뜰 · 1

큰집 뒤란 대숲에서는
자주 귀울음 소리 들렸다

그날 니 에빈 저 대숲에 숨어 있다가 잽혀 갔지,
할머니는 대바람소리에 희미하게 흔들렸다
깊어가는 할머니 무릎 베고 잠이 들었던가
한밤중에 오줌이 마려워 눈을 떴다
대청마루를 내려섰지만
뒷간은 무서워서 우물가에서 슬쩍……
졸음 덜 풀린 눈으로
쳐다본 하늘엔
얼레빗 같은 초승달이
어디론가 가고 있었다

장독대 지나
생솔가지 쟁여진 굴뚝 옆에 붙어섰다
달은 가다가 댓가지 끝에
코고무신처럼 걸려 있었다
문득, 대밭 흔드는 바람소리에

눈썹달 화들짝 놓여나고
하늘엔 별떨기들 총총했다

그날 밤 나는
섬돌에 오래 앉아 있었다

유년의 뜰 · 2

한 바가지 가득한
마중물을 붓고서야
철컥철컥 펌프질 시작 되던
탱자울 마당귀가 떠오른다

늦은 저녁
희붐한 달빛 아래
장사하고 돌아온 어머니
긴 그림자로 이리저리 일렁거렸다
고단한 몸 뒤척이며
어머니가 매양 펴올린 것은
허우적 허우적
갈래 갈래 에움길이었다

온종일 햇볕 붐비던 탱자울에
저녁 거미 한 마리
나무 그림자 길게 뽑아 놓고 간 유년의 뜰
어머니 머리 위로
초승달이 오롯했다

홍차

오래도록 발효된
이야기들 만나니

우릴 대로 우려서
웅숭깊은 마음들

발그레
감춰진 속내
감실감실 열리다

신성리에서

억새 들판에 섰다
갈잎 사이로 강물이
끝 간 데 없이 여울지고 있었다
시장기 동반한 노을 아래
한 세상 가득 짊어지고
육탈에 든 억새꽃
몇 몇 속뼈는 하마
젓대소리를 내는 중이었다

청둥오리 떼지어
문득 날아 오르더니
먼 데 하늘 몇 점 물고 와
점점이 겨울강에 부리곤 했다
무덕무덕 오래 머물러
지워도 되살아나는
마음의 것들,
생각난 듯
억새바람에 펄럭이곤 했다

바투 저무는 세모의 강물에 실어
담담히 띄워 보낼 일이었다

등산길

계룡산 남매탑 오르다가
산사과 한 알 따서
입안으로 밀어 넣었다

제 가지 끝에서 잘 여문 열매
새콤달콤 누군가의 혀끝에서
그 생을 끝내고
길섶 들국화더미
지나는 길손 가슴에
환한 풍금소리 울리도록
저리 고운 빛깔로 피었다가 지는데

어찌하여 사람은
생각이 몸을 지배할 수 있을 때
떠나지 못하고
몸이 생각을 몰아내며
허물어지도록 살아내야 하는지
은선폭포 벼랑 바위 틈서리
하 오랜 세월 품고 서 있는
노송에게 묻고 싶었다

제3부

파도

늰개바람 쓸리는 욕지浴地바다
파도야
너도 나마냥
어쩌다가 예까지 왔느냐

성난 몸부림으로
혓바닥에 서슬 세우고
허어연 갈기 풀어 헤친 채
그냥 온 몸으로 엎드러지는
파도야

큰물 맞은 볏단처럼
난 그대 앞에
쪽도 못쓰겠네.

저녁 산책 · 1

한밭수목원 솔숲의 수런거림은
종종 나를 내려놓게 한다
갑천 위에 뜨는 불빛 몇 점 좇아
한 시절로 가면
그 때, 내 안에는
얼마나 옹색한 서러움들이
어깨를 움츠리며 살았던가

중년의 문턱 훨씬 넘기고서야
간신히
아무렇지 않다는 듯
살아내는 법 조금씩 터득하면서
이제 청청한 잎새들
한껏 부러워지는
시절의 어중간함 또한
사랑할 줄 안다

바람에 섞여
아직도 다 닳아지지 않은

내 안의 내가
새삼 반가운 이 저녁
불현듯 밥 짓는 내음으로 다가오는
상처가 나를 키웠음을
가슴으로 온전히 받아들인다

강물 위에 어룽거리는 불빛 따라
꼬리 무는 생각들 접으며
이제
묵은 카세트 테이프 늘어지듯
모서리 느슨해져
맹맹하고 미욱하게
세상 속에서 헐거워지고 싶다

저녁 산책 · 2

이른 저녁밥 먹고
천변을 걷습니다
유등천 지나는 물길이
다음다음 갑천으로 흘러가고
간간이 새들이 와서
모래톱에 사뿐,
제 발자국을 선물하고 갑니다
물밑 자리 수초들 불러 모아
탑 하나 쌓습니다

시간의 발자국, 어느새
피멍빛 노을 옆구리 헐어내고
물밑 자리 따라
마음마저 휑해지고
자갈돌 위로
저녁 이내 어룽거립니다
물길 속에서
내 삶의 부록, 슬픔 몇 낱
따라 저뭅니다

문배재 오르며

산길을 오른다
관목 사이 넘나드는
청설모에 잠시 시선을 빼앗긴다
오리나무숲 깊이 들어가
후들거리는 걸음을 잠시 내려놓는다

날숨 깊게 뽑아
청청한 숲에 묻으니
물솜 같던 속내
홀가분해지네

게우러 왔지
눈물 되기를 마다하고
웃자란 생각들
헐떡이는 숨 몰아쉬며 오르지만
한 걸음씩 되잡아
산을 가슴에 당겨 안는다

눈과 눈

폐암 투병 중인 그녀가
돌아가기 달포 쯤 전
혼자서 감당하기 벅차
화장실 문지방까지 이부자리를 끌고 갔다
머리 감기고 물수건으로 몸을 닦아 주다가
아래 위에서
눈과 눈이 딱 마주쳤다

괄괄하던 성정
딸년을 잡도리하던
매운 눈빛 간 데 없고
처연한 눈매에 물기 그득했다
이제 죽음 쪽으로 성큼 다가서
더할 수 없이 웅숭깊어진 눈매에
지난했던 삶이 홍건했다

그녀의 자갈길이며 감탕밭이며
그 위를 쓸고 가던 비바람
대낮에도 알전등을 켜야 했던
지하 단칸방 부뚜막에서

배급 밀가루로 반죽한
수제비를 뜯어 넣던
어느 날 저녁도 함께 흘렀다

신발 뒤축 끌 듯
황망히 빠져나가는 육탈
종잇장 살가죽
이리 쓸리고 저리 밀렸다
폭설에 꺾인
설해목 등걸 같은 구부정한 등과
볼품 없는 가랑이 지날 때
그녀의 숨소리가 롤러코스터를 타기도 했다
더 이상 그녀는
햇빛 만연한 베란다조차 내다보지 못했다

그녀 눈 속으로 내가 들어서던
그 오후 한 때
파리하고 검불 같은 손등에
물수건을 얹으며
짐짓 눈길을 돌리고 말았던가

어느 날 · 1

더러는 삶이
비켜간다는 느낌
등골을 타고 내린다
부질없는 마음
눈시울 저 아랫길 따라가
어릴 적 고무줄 뛰던 골목길에서
다문다문 끊긴 길들을 깁는다

돌아보면 세상은
그다지 녹록하지 않아
다가서려 했던 만큼
행간 밖으로 밀려나선
아등바등 겨를 없던 시절
조바심만 보태던 꿈
때 늦추어 수소문한다

스스로의 덫인 줄도 모른 채
제 속살 깊이 집을 지어
뿔 환히 이슬 달고

길이 아닌들 어떠리
길을 내며 길 떠나는
달팽이 문득 생각나는
지금은 생의 저녁 무렵이다

어느 날 · 2

– 2011년 여름과 가을 사이

대청호 둘레길 걷다 분절된 기억들 덜걱대는 늦은 오후에 구부러지며 이어지는 길 가히 미덕이다 여태 매미 울음소리 가당찮은 한낮 초가을 햇살 명징하고 구름 드높다 도수 높은 안경 너머 남북으로 치닫는 산들이 그려내는 완만하고 선연한 곡선들, 하마 들녘은 각오한 듯 제가 품은 씨앗의 정점에서 한껏 풍요롭다 문득 길섶 칸나와 마주치자 덜컥 발부리에 채이는 지난 날의 역청, 소리 없이 물살에 여울진다 봉긋한 무덤 곁 성급히 피어나 하늘거리는 억새들 도도히 햇살에 난반사되는 저 윤기라니 그래 넉넉히 흔들리려무나 흔들린다는 건 우리 삶의 왼쪽과 오른쪽 평행선 어느 조화로운 지점에 오롯이 바치고 싶은 일련一連의 간절함이 아니겠는가

어느 날 · 3

그랬다 손을 꼽을 일들 몇 가지 머물 듯 하더니 홀연히 떠나갔다 새삼 들추고 싶지 않은 동시 상영 욕망 몇 편과 하릴없는 머뭇거림 때문에 그때 나를 비껴가던 것들에 얼마나 애면글면 했던가 출구 없던 시절 가슴속 내밀한 북鼓 때때로 어리석은 생각과 결탁하기도 했다 잠시 발걸음 멈추고 호수를 내려다본다 지금 아는 걸 그때 알았더라면 무의미한 탄식조차 과감히 생략하기로 하자 더 이상 흘러내릴 눈물 남아 있지 않으므로 온전히 스스로를 위한 사랑법 첫머리는 이렇게 쓰자 굳이 피하려 말 것이며 기꺼이 맞아들이고 때가 되면 담담히 보내야 할 일이다 돌아올 수 없는 저 물길 따라 나 또한 흘러갈 것이므로

그래, 그랬지

1
손녀딸 예빈이랑
공중목욕탕에 갔는데
수밀도마냥 몰캉몰캉한 엉덩이 토닥여주고
밋밋하고 차진 꼼지도 씻겨주며
할미 기분 그지없이 은근했는데
찰방거리며 물장난하던 계집아이
눈 마주치자 고개를 외로 꼬며
배시시 웃었는데

2
두레우물 깊이 어룽지는 달그림자처럼
아이 눈동자 속에 깃든
낯익은 가시내
먼 옛적 한 공중목욕탕에서
벌거숭이로 엄마 곁에 앉아
한 시절 기름지고 무성했으되
어느덧 겅더리밭인 엄마 아래 비알
그 가시내 무연히 바라보았는데

3

어느새 씨알머리 없이
가볏해진 여자
하마 먼 데 가신 어머니
조붓한 어깨 두르고
시간의 강 건너온
어린 것과 더불어
자그마한 뜰
진양조로 이리저리 거닐었는데

4

봄날이면 그러하듯
흙을 헤집고 연초록 떡잎 틔우더니
물관부로 부지런히 무자위 잦아 올리더니
기어이 꽃대궁 환히 밀어내더니
비바람에 속절없이 꽃숭어리 떨어져
어룽어룽 더러는 눈물짓게 하더니
마알간 햇살 아래 소담스레 열매 맺히더니
알알이 영글어 시나브로 떨어져 내리다

현충원역에서

줄곧 생각했다
지하철 열차를 기다리면서

어느 날
지하대장군 잇바디 송두리째 드러낸
구천九泉 길에 놓일지라도
적어도 낯설어
눈 휘둥그레지진 않을 거라고

언제나 나를
내 자리에 있게 한 식솔들
어딘가 있으리라 두리번거리다가
어느 계단에 풀썩 주저앉아
막막함에 눈시울 적실 테지만
되돌아갈 수 없음을
이내 깨닫게 되리라고

내리닫다가 서서히
가라앉고 마는 에스컬레이터에서

문득, 어머니 자궁 속
무자맥질을 소망할지 모를 일이라고

파노라마로 펼쳐지는
하 많은 날들
도란도란 저녁식탁에 둘러앉아
제가끔 하루의 고를 풀어
빈 그릇 가득 담아내던 이야기꽃
체념의 개찰구를 용케 빠져 나오면
서늘히 붐비는 플랫홈에 당도할 거라고

안전선 밖이 아닌들
그제야 아무려면 어떠냐고
훤히 열리는 동공
빗금으로 쏟아지는 별 무덤들
아무리 비명을 질러도
소리가 새어나오지 않을
칠흑 어둠의 터널 멀리
객차는 내처 달려갈 거라고

점등點燈

대상포진에 걸렸다네요
몸살쯤이야 여기며
며칠 끙끙대다 못해
병원에 갔더니

살다보면 명징한 것보다
흐지부지 흘러가는 게 하 많아
지레짐작 일삼으며
늘 분명한 걸 원했지요
이토록 꼼짝없이
녀석의 수하手下에 놓이리라곤
전혀 예기치 못했기에

산다는 건 그렇잖아요
새끼 굴비 한 두름처럼
한 손으로 들 수도
만만히 풀어헤쳐 프라이팬 한 가득
튀겨낼 수도 없을진대
시도 때도 없이 밀려드는
안개 같은 우리네 삶

가슴 옥죄며
쉬 놓아주지 않잖아요

도리 없이 녀석에게 순종하기로 하자
어쩌면
흘러가는 대로 두어야 했던
지난 날들이
기둥과 서까래로 뼈를 세워
마음 속 깊이 초라하나마
오롯한 집 한 채,
짓게 했는지 모른다는 생각이 드네요

오른쪽 등 날개 죽지로부터
앙가슴을 관통하는
더할 수 없이 확연한 통증 앞에
속수무책인 채
때때로 힘에 겨워 물리치고 싶었던
마음 안에 떠도는 마음의 것들에게
환히 불 밝혀 주고 싶은
저녁 한 때랍니다

하산길 · 1

어디서 저토록
아늑한 적막을 만나리
단절의 슬픔이여
봉긋한 가장자리에 꽂히는 햇살이여
봄볕에 겹겹 포개지는 적멸寂滅이여

바람 불고
날 저물어 달 뜨고
삶의 갯벌
썰물과 밀물 사이
쓸쓸하고 고단했을 한 생이여

그대 또한
죽음이 순리임을 잠시 잊고
굴욕과 오만에 목젖까지 붉혀가며
톱니처럼, 마소처럼
이승의 삶에 복무했으리

애타는 간절함

지독한 그리움
그 가여운 사소함 훌훌 벗어
이토록 유정한
봉분 하나 이루었는가

하산길 · 2

눈 속에 묻혀 있던
한 줄기가 몸을 뒤틀었다
때 마침 뿌리를 내리고 있었을까
휘갈기는 은설 속에서도
가지는 낮은 자세로
엎어지고 넘어지며
기어가다가 뿌리를 내리고
그 뿌리로부터 다시
새 줄기가 돋아 기어간다는
누운 잣나무
그래서 눈잣나무

낮은 포복으로
대청봉 능선을 내려오는데
뺨을 할퀴는
눈보라 아랑곳없이
등산화 밑창 뚫고 올라오는
눈잣나무 무자위 소리
발바닥 모세혈관을 간질이더니

어느새 하반신을 관통해
수직 상승하고 있었다

그렇다
혹한의 계절일지라도
결코 웅크려선 안 될 일이다
칼바람 폭설을 견디는 힘은
자세를 낮추는 일이었던 것
디디고 선 대지에
튼실한 뿌리를 내리려면
눈잣나무 세상살이를 배워야 할 일이다
한달음에 심장까지 다다른
눈잣나무 물 잣는 소리
은밀히 새 가지를 부르고 있었다

여름 강가에서 · 2015

— '다정한' 벗들에게

미루나루 긴 그림자 아래서
너희들을 생각한다
마음과 마음이 발효된
순간들의 그늘이
깊고도 그윽해져
먼 시간 함께
쌓아올리며 짓던
오롯한 집 한 채
다정한 그대들이 있어 나는
무장무장 행복하노라

훌쩍 가버린 날들의 뒷모습
아직 오지 않은 시간의 맨얼굴
스치듯 서로 비켜가는구나
잠시 우리가 머물다 갈
강가를 배회하거나
우걱우걱 웃자란 여름 갈숲에
마음자리 얹어 두기로 하자꾸나

젊어 한 때 우리 안달하며
더 먼 데로 떠나고 싶어
가슴 속 갈피에
간이역 대합실 하나씩 품었으리니
머잖아 도착할 열차를 기다리며
이만큼의 나이에 이르면 가질 법한
내상內傷의 시큰함을 위하여
이제 몇 줄 가난한
헌사라도 마련하자꾸나

우리가 한 곳을 바라볼 수 있는
이 머무름이
늘 잔잔한 강물의 소요逍遙이기를
그렇게 지척에서
더불어 여울지기를
서로 주고받았던
때로는 먹먹하고 벅찬 서정抒情
머지않아 저 산모롱이로
자취를 감추리니

버스 정류장에서

쉬 오지 않는 706번 버스 기다리며
낮게 내려앉는 먹구름 지켜본다

동시 영화상영관, 명성극장 앞
'사랑방손님과 어머니' 간판 새로 걸리던 날
극장에서 빠져나온 십륙 세 소녀
집채만한 외로움과 배고픔
켜켜이 기다리는 빈 집으로
돌아가기 정말 싫었다

멀리 도망가고 싶은 생각
후두득,
떨어지는 빗방울에 젖고
충무동 버스정류장에서 마주친
가책 받은 생각
그 위에 포개지고
꼬리 무는 생각들
흐르다가 지워지고 다시 돋아나고

점등되는 불빛 따라 접어든 골목길
가슴속 환해지는 작은 불빛
열린 쪽창 너머 전갱이 구이 내음
콩알 가슴 머뭇거리는 정수리 위로
냅다 쏟아져 내리던

"문디 가시나, 어델 싸돌아 댕기노!"

능소화

한낮의 땡볕만큼 몰래한 사랑 탓에
그 속내 어쩌지 못해 붉디 붉게 피어나
담장을 넘나 싶더니 목 매다는 중이다

지노귀굿 마무리 바리데기 한 소절
저승을 헤매다 온 환신치곤 처연히
죄 많아 열꽃 돋은 몸 혼절하며 떨어지는

연꽃

가만히 느껴보네
세상 밖으로 물테를 그리는
숨소리
진흙 속에서
봉곳이 어깨 내미네
한 줄기 바람 불어
아기 엉덩이만한 잎사귀 출렁이네
도수 높아진 그리움
따라서 들썩거리네
햇살 올올이 끌어당겨
젖은 맨살로 피네

덕진공원 호수에
연숲 화사하네

다시, 짜장면

어제 친구에게 전화 걸었네
자장면을 짜장면이라고
다시 쓸 수 있게 되었으니
함께 짜장면이나 먹으러 가자고
짜장면을 자장면이라고 하려니
어딘지 모르게 어정쩡하고
괜히 낯이 근질거렸는데
이제야 마음 놓고
짜장면 주문해도 되겠다며

제4부

눈

삼동三冬 겨울 하늘 멀리서
저마다 작심한 눈발들
한나절 내내
저 밑바닥으로 투신하더니
그렇게 죄다 버리고
내려앉은 거기
아찔한 속도와
가파른 경쟁의 입맞춤으로
고단한 삶의 가장자리께
늙은 오후가 데려다준 햇살 아래
세상은 서글프면서도
찬란한 순백이더이다

쎄코날의 기억 · 1

은사시나무 잎새 흔들리자
하늘이 휘청거렸지
한강 가녘에서 보았어
떠내려가던 새털구름
수초 더미에 걸려 파닥이는 것을
일순,
온몸의 힘이 빠져나가면서
나는 물고기 화석이 되어 갔지
무량없이 더해가는 시간의 두께
상처를 베고 누워 내 몸속을
거슬러 오르며 헤엄쳤어
부질없이 제 살 깎으며
추억의 모서리들 부딪히고 있었지
나에게로 돌아와 나를 벗었어
물결 속에서 내가 벗은
마음들이 서걱거렸어

쎄코날의 기억 · 2

어머니 뒤에 매달린 화차였어 나는
수제비를 아무리 먹어도
가난은 더 이상 솎아낼 수 없었고
죽음이 반기며
자주 꼬리를 흔들었어
서울역 앞 세명약국에서 시작됐지
쎄코날의 순례
꽃자주빛 알약들이 신음하고 있었어
후암동 언덕을 지나고
해방촌 날망 너머
이태원 그리고 한강줄기
칠흑 어둠 속에서
소리 없는 절규를 건져 올렸어
검은 눈알 반짝이며
쎄코날이 떠내려가고 있었어
강물 위에서 한없이 흔들렸지
젖은 볏짚단 같은
내 어머니 야윈 얼굴

파꽃

플라스틱 물병에 꽂아 둔
대파가 연둣빛 꽃대궁을 밀어내고 있었다

하마나 여러 해 전
하향길에 잠시 뵌 김해이모
가없는 명지 파밭에 허리 접은 한 생애
파꽃 앞에 파노라마처럼 펼쳐져
그 앞에서 우두망찰했다

파밭에 만연했을 그녀의 곡절들
송글송글 매달려
솜털수술 빼곡히 밀어올린
파꽃 대궁 심드렁하니
밭두둑 그득한 대파 더미 배경으로
소리없이 저물었으리

명지 모랫벌
파꽃 더미 사이로
벌 나비떼 호들갑 간단없이 이어져도

파껍질 한 켜, 시름 한 켜 벗기고 벗겨
곳등 찡한 세월의 리어카에
대파단 쟁여 나르며
당신의 삶을 용서하곤 했을테지

그 집 · 1

밤이 이슥해서 돌아온 어머니 앞치마는 늘 가시내 차지였다 구겨지고 비린내 물씬한 종이돈을 가지런히 챙겼다 초롱초롱한 눈으로 창밖 너머 밤비 소리에 귀를 열었다 도둑고양이마냥 익숙해진 어둠 속에서 간간이 잠든 엄마 기척을 살폈다. 엄마 요 밑에서 가시내는 얼마짜린지 모를 종이돈을 꺼내 오래오래 만지작거렸다

끝없이 퍼내도 늘 그만큼 고였던 그 무렵 가난은 혁명정부의 강력한 영도력도 어쩌지 못했을까 고물 금성라디오에선 국민체조 시이작, 하나 둘 셋 넷 구령소리가 귓바퀴 스치며 멀어져 갔다. 지금 아궁지 물펐대이, 학쪼 가기 전에 꼭 퍼내고 가거래이, 엄마 목소리는 귓전에 닿기도 전 아련히 맴돌다 사라져갔다 가시내는 단잠 속으로 밀려든 아궁이물을 끝없이 퍼내고 있었다

그 집 · 2

햇살이 환히 퍼져서야 화들짝 놀라 일어난 가시내 아궁이물 같은 건 까마득히 잊은 채 허겁지겁 학교로 달려가기 바빴다 하학길에 가시내는 볼때기 가득 왕사탕을 물거나, 가늘게 구멍낸 삼각 비닐주머니 오렌지쥬스 빨며 마냥 행복했다 아궁이물이 방구들을 온종일 들락거리는 건 눈꼽만큼도 생각나지 않았다 그날 밤, 엄마한테 혼찌검이 난 가시내 이불을 뒤집어쓴 채 울다가 잠이 들었다 그런 집에서 11년을 살았다 열여섯 살 치자꽃 향기 어지러운 날이었다 가시내는 그 집에서 초경初經을 맞았다

겨울편지

—손병숙에게

해 설핀 노을 아래
텅 빈 들녘
송전탑 꼭대기에 머물던 잔광마저
지평으로 내달아
들판보다 먼저
내가 저물고 있단다

머리카락 불불이 세우던
바람의 슬하였지
사소함이 결코 사소하지 않아
덜컹거리던 그날의 우리
지난 일로 박제되어
마음 한켠에 머물게 될 줄이야

지워지지 않는 기억의 사금파리
서로 한 꼭지씩 생채기내며
그예 속내까지 덧들였던 일
명치 끝에 아프게 걸려 있단다

빈들에 이내로 내리는

내 저어한 그리움과 함께

신태인 철도 건널목에서 띄우는 편지

—송정화에게

못 다한 속엣말이라도 남았는지
먼 듯 가까운 듯
간헐적으로 이어지는 타종 소리에
호남선 하행열차
하릴없이 지켜보는 저물녘이야
뒤꿈치 사뿐,
낮과 밤의 경계를 틈입하는
어스름 노을의 잔영
언젠가 우리가 나란히 지켜봤던
기장 바닷가 피멍빛 화엄華嚴
그 낯익은 허허로움을
여기서 다시 만날 줄이야

씨줄 레일 위를 가차없이 질주하는
저 단호함에 우선 경배하고 싶구나
때늦은 후회란 늘상
발목 묶인 자의 몫이잖아
매양 한 발씩 늦어져

해갈되지 않던 괄호 속 잔해들로 인해
삶의 제동장치 자주 삐걱거렸으나
길은 곧게 때로는
구부러지며 잇대어 있었지
물때썰때 모른 채
갈증에 헛헛했던 날들
열차 꽁무니에 매달려
저만치 가고 있어
타종 소리 잦아들고
길마저 시나브로 지워지는
길 위에서 새삼
네 안부를 수소문한다

금강 하구에서

금강 하구언 갈숲에 섰다
생각난 듯
물수제비 띄운다
조약돌이 그리는 물테
내 마음의 강안江岸에 와 닿는
물결, 물결들

켜켜이 흐르는 강물 속엔
흐르자
함께 흐르자꾸나,
소리 없는 울림이 있어
갈숲 물그림자에 머물던 내 생각들도
여울물 따라서
사구砂丘 쪽으로 쉬엄쉬엄 흘렀다
저토록 다함 없이
흐르고 흘러
언젠가는 당도하게 될
세상의 중심은 어디쯤일까

한 생각에 내가 잠겨
흐르고
또 흘러가는데
문득,
한 무리 새떼들
갈대숲 흔들며
강둑을 가로질러 날아오르고 있었다

구절리 기행

태백선 열차 당도하자
쇠와 쇠의 목마름에
휘어진 철로 끝이 보입니다

플랫폼 바꿔 비둘기호에 오르자
승무원이 차표를 끊어주더군요
기관차에 달랑 객차 한 량
당당하게 기적 울리는
열차 바퀴 진동에 따라
가슴속에 여며 둔
하행의 세월과 더불어
나는 출렁거립니다

별어곡, 정선, 나전
여량역 지나
한참 달리다가 종착역인
정선군 남면 구절리에 닿았습니다
종착역이라는군요

폐광촌 갱도 너머
윤기나는 석탄층에서
아직도 상행으로 돌아눕고 있을
한 시절 꿈의 화석 찾으러 왔습니다
이제 내려야겠습니다

칸나

언제부터였던가
이맘때면 너는 늘
악몽 같은 기억으로
내게 다가왔지
화난 승냥이마냥
으르렁거리며 덤벼들었지

약속하도록 시치미 뗀 하늘 아래
아무리 기다려도
오지 않는 버스처럼
희망은 더디 오고
기다림에 지쳐
악다구니 하듯 다가왔지

산다는 건 결국
자기 몫의 외로움을 견디는 일
타는 심장으로 침묵하는 일
오래도록 내편이었던
절망의 감광판에

닭벼슬빛 서슬 갈아 끼우고
용광로 같은 가슴의 단근질로
더욱 붉어지던 네 오기
눈 시리도록 찬란했지

삼복 뙤약볕 아래
길에서 길을 묻고 있는 너
어디로 가려 하느냐
정녕 어디로 가려느냐
칸나여

천태산

그대들이여
나에게로 오시지들 않겠나
이제, 가을은
빛 바랜 여름을 뒤로 하고
그대들의 어깨 너머
눈물나도록 푸르른 하늘
더욱 밀어올리고 있지 않은가

아람부는 상수리나무숲과 돌쩌귀
마른 흙이 거칠게 호흡하는 땅
개암나무 머리채 흔드는 갈바람 지나고
덤불 속에 숨은 풀벌레
시름없이 울어예니
흐드러지게 지천으로 피어나는
들꽃으로 화관 엮어
머리에 이시게나

그대들이여
나에게로 오시지들 않겠나

나는 그대들 기다리는 산
나볏이 솟은 봉우리
천태산이라네
예서 빚갈 실한
웃음 한 자락 흘리고들 가시게나

거울 앞에서

정수리로 퍼뜩
스치는 생각에 망연해진다
국민학교 2학년 때
오른쪽 어금니 발치한 뒤로
입안으로 들여보낸 모든 것들
왼쪽 어금니에게 맡겼던 것이다

걸핏하면 결핍을 핑계 삼는
임자 잘못 만난 탓에
오래도록 혹사 당한
왼쪽 어금니가 이루어낸
노동의 댓가는 정직했다
저 세상 아비처럼
좌편향으로 이즈러진 몰골
이미 오른쪽 빰엔 골이 패이려 하고

살아가면서 마음에
점 하나씩 찍을 때마다
감정의 결에도

시나브로 굳은살이 내려앉아
어떠한 경우에도 의연해지려는
나잇살 꽤나 올랐음에도
아차, 싶었다

제 삶의 신경회로 끄고
하루하루 시간 죽이기에 급급해
때 되면 먹어야한다는 명제에만
한껏 충실했던 어리석음으로
좌우대칭 어긋난 얼굴 속
만 길 적막에 든 눈동자
오래도록 응시하고 있다

파문波紋

문의향교 별채에서
여름비를 긋는다

낙숫물이 그리는
부재와 부재 사이

오래된
라디오 잡음 같은
그대 목소리 듣는다

꽃무릇

완만한 소롯길 따라
도솔암 이르는 길섶에
무더기로 핀 꽃무릇 보았다
무성한 잎 다 말라버린 뒤
대궁 밀어 올려
자줏빛 꽃망울 틔웠다
꽃은 잎을 볼 수 없고
잎은 꽃을 만날 수 없는
상사想思, 상사초想思草여

도솔암 마애불전 앞
어린 아들 옆에 앉히고
천도제 드리는
젊은 미망인 곁 스쳐 지나왔다
소복 입은 여인의 애운한 눈빛
자꾸 발 끝에 채여
뒤돌아보고 또 돌아보느라
하산길은 멀고 더뎠다

‖ **발문** ‖

돌아보고, 또한 바라보다

— 김정아 시인의 첫 시집에 부쳐

강 헌 국

(고려대학교 문과대학 국어국문학과 교수)

김정아 시인은 「어느 날」이라는 시에서 '지금은 생의 저녁 무렵'이라고 술회한다. 시의 제목이 암시하는 바와 같이 그는 문득 자신의 현재를 그렇게 자각한 것이다. 그의 시적 사유와 언어는 그 저물녘으로부터 전개된다. 사람들은 저녁이 되면 지나온 하루를 돌아보기 마련이다. 생의 저녁 무렵에 쓰인 그의 시편들도 대체로 회고적이다.

그의 기억이 세월을 거슬러 찾아가는 가장 먼 곳은 저 낙동강 하구의 어린 시절이다. 그 시절은 "만조까지 차오른/ 가난"(「낙동강 일기 I」)으로 기억된다. 그는 가난이 싫어서 다른 먼 곳으로 떠나고 싶어 했지만 긴 세월이 흐르고 돌이켜보니 바로 그 가난이 자신을 키운 바탕이었다고 한다. 힘겹게 지나온 세월을 그는 너그러이 감싸 안으려는 것이다. 그의 시편들에 편린처럼 박힌 표현들을 찾아 조립해보면 그 세월에는 "대낮에도 알전등을 켜야 했던/ 지하 단칸방"(「눈과 눈」)이 있고 "아등바등 겨를 없던 시절"(「어느 날」)과 "옹색한 서러움들이/ 어깨를 움츠리며 살았던" 때도 있다. 그는 "걸핏하면 결핍을 핑계"(「거울 앞에서」) 삼아야 했고 "때때로 힘에 겨워 물리치고 싶었던/ 마음 안에 떠도는 마음의 것들"(「점등」) 때문에 힘겨워하기도 했다. 당시에는 용납하기 어려웠을 괴로움과 슬픔과 쓸쓸함 같은 것들을 그는 세월이 흐른 뒤에 너그러이 받아들이려 한다.

이제
묵은 카세트 테이프 늘어지듯
모서리 느슨해져
맹맹하고 미욱하게
세상 속에서 헐거워지고 싶다
—「저녁 산책 1」에서

세월은 그를 '묵은 카세트 테이프'처럼 늘어지게 하였다. 세월이 그를 그렇게 위로한 것처럼 그는 세월에 대해 너그러워지기로 한다. 그러나 과거에 대한 그의 너그러운 태도는 결코 단순하지 않다. 그것은 이해이면서 체념이고, 그리움이면서 후회이며, 용서이면서 회한이다. 그의 시에서 종종 보이는 '알다'와 '이해하다'의 의미를 내포한 활용형 어휘들은 과거에 대한 그의 태도와 무관하지 않다.

삶의 시간은 과거에서 현재를 거쳐 미래로 진행한다. 사람은 현재를 살면서 뒤로는 과거를 거느리고 앞으로는 미래를 지향한다. 지나간 세월을 돌아보는 그의 시적 시선이 살아갈 날을 바라보는 것은, 그래서 자연스러운 과정이다. 그가 바라보는 날들의 종점에 죽음이 자리한다.

그녀의 눈 속으로 내가 들어서던
그 오후의 한 때
파리하고 검불 같은 손등에
물수건을 얹으며
짐짓
눈길을 돌리고 말았던가

—「눈과 눈」에서

이 시에서 그는 폐암 투병 중인 어머니의 눈길을 외면했다고 썼지만 그 눈에 서린 어머니의 신산스러운 한 생애를, 죽음 쪽으로 성큼 다가선 어머니의 현재를 이미 다 보아버린 뒤였다. '짐짓'이라는 부사는 '눈길을 돌리고 말았던가'라는 진술이 반어임을 표시한다. 죽음을 일부러 외면하는 척하는 태도의 이면에는 죽음에 대한 인정이 자리한다. 어머니뿐 아니라 언젠가는 자신도 죽음을 겪어야

한다는 사실을 그는 수긍한다. 죽음을 떠올리면 "어찌하여 사람은/ 생각이 몸을 지배할 수 있을 때/ 떠나지 못하고/ 몸이 생각을 몰아내며/ 허물어지도록 살아내야 하는 건지"(「등산길」)라는 탄식이 나오기도 한다. 그러나 죽음이 피할 수 없는 숙명임을 알고 있기에 죽음 너머까지 시적 사유를 진행시킬 수 있을 만큼 여유롭기도 하다. 그는 산행 길에서 만난 묘소를 "이토록 유정한 봉분"(「하산길 2」)이라고 하고, 국도 변에 버려진 폐차가 "기지개를 켜고 싶었다"고 흥미로운 상상을 펼치기도 한다.

먼 어린 날로부터 긴 세월을 가로질러 죽음, 그 너머까지 가 닿는 그의 시적 여정은 그를 갠지스강변에 세워 삶에 대한 자신의 깨달음을 조심스레 발설하게 한다. 시신을 태우는 연기와 불티들 속에서, 그럼에도 그 곁에서 여전히 계속되는 삶의 노역들 속에서 그의 낮은 독백은 감동적인 울림을 빚어낸다.

갠지즈강 모래톱 위에 서서
나는 비로소 알았다
온 세상이 한우리 속이라는 것
산다는 건 견뎌내며 흐르는 일이라는 것
그리고 때가 되면
담담히 접어야 한다는 것을
—「갠지스강 모래톱에서」에서

‖ **추천사** ‖

김정아의 문학세계

채 동 선 (수필가)

시인을 처음 만난 것은 한 문학강좌에서였다. 하얀 블라우스가 잘 어울리는 시인의 첫인상은 무척 단아했고, 도도하다 싶을 정도로 절제된 카리스마를 풍겼다. 낯가림이 심한 나는 얼마 동안 눈인사 외에는 한마디 말도 나누지 않았다. 그 이후 문학동아리를 함께 하고 또 대전시민대학에서 발행하는 잡지 '평생교육' 명예기자를 같이 하며 만나는 횟수가 거듭됨에 따라 조금씩 시인의 문학관이나 내면의 심성을 엿볼 수 있게 되었다.

경남 통영 태생인 시인은 2000년 대전일보 신춘문예 시 부문에 당선됨으로써 문단에 나왔다. 그다지 길지 않은 시간이긴 하지만 내가 곁에서 지켜본 시인의 문학세계는 그 스펙트럼이 넓다. 시인은 유수의 문학지에서 소설과 수필로도 등단한 바 있다. 어엿이 검증된 문인임에도 불구하고 끊임없이 자신을 채찍질하기를 게을리 하지 않는 시인의 모습을 지켜보았다. 좀 더 시야를 넓혀 어둡고 그늘진 곳에 눈길을 돌리고 가슴에서 우러나오는 글을 쓰기 위함일 것이다.

시인의 운문과 수필, 그리고 소설을 여러 차례 읽은 바 있다. 작품에는 작가의 내면이 깃들어 있기 마련이다. 켜켜이 쟁여둔 내면의 아픔을 극복하려는 시인의 속내를 엿볼 수 있어서 내심 반갑기도 했다.

시인의 문장은 결코 화려하지 않다. 그 흔한 미사여구는 멀찌감치 밀쳐두고, 하고 싶은 이야기를 실타래 풀듯 조곤조곤하게 풀어내곤 한다. 마치 유장한 강물처럼 말이다. 철학 전공자답게 깊이가 한껏 느껴지는 시인의 글은 가슴으로 스며들어 오랫동안 긴 여운을 드리우곤 한다. 시인의 작품 속으로 들어가 보자.

「폐차와 돌문지기꽃」에서 시인은 '제 살을 파먹고 제 뼈를 갉아 먹으며' 죽을 둥 살 둥 치닫는, 물질과 기계문명에 찌든 세태를 꼬집으면서 아울러 비록 겉모습은 녹슬어갈지라도 내적으로는 아직도 희망을 놓지 않는다. 작품 속의 화자는 마지막으로 '꼭 한 번만 등뼈가 휘도록 기지개를 켜고 싶'다는 소망을 숨기지 않음으로써 독자와의 진솔한 소통을 시도하고 있지 않은가.

또 다른 면에서 내가 주목했던 작품, 「갠지스강 모래

톱에서」에서 시인은 인도 여행 중에 찾은 갠지스강 주변의 군상들의 일상을 가감 없이 전한다. 장례 행렬이 이어지고 장작불에 의한 화장이 진행되는 가운데, 산 사람은 또 살아야만 하기에 '딱딱한 돌덩이에 빨래꾼들은 스스로의 생의 업을 내리'친다. 그 빨래꾼들의 모습에서 시인은 비로소 자신의 모습까지도 발견하고야 만다. 그리하여 시인은 '산다는 것은 견뎌내며 흐르는 일이라는 것'을 알았고, 그리고 '때가 되면 담담히 접'고 가진 것 다 내려놓아야 하는 삶의 의미도 되새기게 된 것이다.

뒤늦게 수필 장르에 매력을 느낀 시인은 한 종합문예지에 의한 수필 당선 소감에서 내면의 상흔을 문학으로 승화시키기 위해 치열하게 자기와의 싸움을 벌여 왔음을 담담하게 술회하고 있다.

수필 당선소감 중의 일부를 발췌해보자.

'상처가 나를 키웠음을 고백하지 않을 수 없다. 내 안의 깊은 곳에 웅크리고 있는 가시내는 시도 때도 없이 칭얼거렸다. 글쓰기는 그 아이를 달래기 위한 하나의 방편이 아니었을까. 하여 마음속으로 그 무엇을 꺼내기가 쉽지 않아 가슴앓이를 하던 많은 날들이 흘러갔다. 이제 그 아이를 배웅해도 될 시점이 아닐는지……'

시인은 아울러 문화체육관광부와 한국국학진흥원이

주관하는 '아름다운 이야기할머니'에 선발되어 수 년 째 유치원 어린이들에게 구연동화를 들려주는 일을 하고 있다. 그런 까닭일까? 그녀는 원숙하면서도 단아한 모습을 늘 간직하고 있다. 거기에다 속마음까지 아이들처럼 순박하고 아름다운 그녀를 지켜보면서 참 예쁘게 나이 들어간다는 생각을 지울 수 없다.

시인의 문학세계와 인간적인 면을 지켜 본 한 사람으로서 첫 시집 출간을 진심으로 축하한다. 시인의 앞날에 문운이 함께 하기를 기원한다.

2015. 10월에

갠지스강 모래톱에서

김정아 시집

발 행 일 | 2015년 10월 30일
지 은 이 | 김정아
발 행 인 | 李憲錫
발 행 처 | 오늘의문학사
출판등록 | 제55호(1993년 6월 23일)
주 소 | 대전광역시 동구 대전로 867번길 52(한밭오피스텔 401호)
전화번호 | (042)624-2980
팩시밀리 | (042)628-2983
홈페이지 | http://www.lito77.co.kr(홈페이지)
전자우편 | hs2980@hanmail.net

공 급 처 | 한국출판협동조합
주문전화 | (070)7119-1752
팩시밀리 | (031)944-8234~6

ISBN 978-89-5669-712-3 (03810)
값 10,000원

* 이 책은 대전문화재단 | 한국문화예술위원회 에서 사업비 일부를 지원받았습니다.

문학사랑 시인선

001 **전태익** 눈빛 닿는 곳마다
002 **리헌석** 갈채하는 숲
003 **상동규** 수직으로 일어서면 수평으로 눕는 바다
004 **정재권** 대나무를 충고한다
005 **조남익** 기다린 사람들이 온다
006 **정진석** 아름답고 향기로운 사람꽃
007 **양태의** 혼자 우는 뒷북
008 **리헌석** 섬바위
009 **이순조** 하늘 닮은 사랑
010 **김명배** 몸 밖에 마음 두고
011 **김기양** 김기양의 허수아비
012 **경홍수** 솔바람의 향기
013 **이완순** 세상 위에 나를 그리다
014 **오희용** 이야기 나무
015 **곽우희** 여전히 푸르고
016 **조근호** 바람의 동행
017 **김영우** 길 따라 물길을 따라
018 **조남익** 광야의 씨앗
019 **지봉성** 고도
020 **이근풍** 아침에 창을 열면
021 **나이현** 들국화 향기 속에
022 **이영옥** 길눈